Von Christstollen bis Zimtstern

ISBN 978-3-8434-5056-0

Roland Rauter:
Von Christstollen bis Zimtstern
Vegane Weihnachtsbäckerei

© 2012 Schirner Verlag, Darmstadt

Umschlag & Satz: Silja Bernspitz, aprilfrisches
Fotografien: Alexandra Schubert
Redaktion: Katja Hiller, Schirner
Printed by: OURDASdruckt!, Celle, Germany

www.schirner.com

1. Auflage September 2012

Alle Rechte der Verbreitung, auch durch Funk,
Fernsehen und sonstige Kommunikationsmittel,
fotomechanische oder vertonte Wiedergabe sowie des auszugsweisen Nachdrucks vorbehalten

Roland Rauter

Von Christstollen bis Zimtstern

Vegane Weihnachtsbäckerei

Vorwort

Mit dem Backen von Plätzchen beginnt für mich die Weihnachtszeit. Egal, wie man zu Weihnachten stehen mag, der Duft von Plätzchen versetzt uns sogleich zurück in die Kindheit und weckt Erinnerungen an die Zeit, wo das Warten auf das Christkind noch spannend war. Wenn der Duft von frisch gebackenen Plätzchen durch das Haus zieht, lachen nicht nur Kinderherzen. In meiner Kärntner Heimat haben Kekse und Plätzchen auch nach Weihnachten Saison. Sie kommen bei uns z.B. auch als Festtagsgebäck zu Hochzeiten auf den Tisch.

Ihr erster Gedanke mag vielleicht sein: Vegane Plätzchen? Schmeckt das? Ja! Sie schmecken, und wie! Das Backen veganer Leckereien für Weihnachten ist viel einfacher, als man weithin glaubt. Es ist genial einfach und macht auch noch Spaß. Plätzchenbacken ist zudem genau das Richtige, um der stressigen Vorweihnachtszeit zu entkommen, dieser himmlischen Zeit wieder etwas Ruhe zu verleihen und der besonderen Stimmung zu erliegen.

Außerdem schmecken selbst gebackene Plätzchen einfach besser, denn in ihnen steckt die eine Zutat, die Ihre Kreationen von der Massenware abhebt: Ihre persönliche Note. Und wenn Sie ehrlich sind: Erfüllt es

nicht jeden von uns mit Stolz, wenn wir Selbstgebackenes anbieten und dafür die »Ahs« und »Ohs« und andere ähnliche Lobeshymnen ernten?

Wenn Sie einige kleine Tipps beherzigen, wird das Backen von veganen Plätzchen zu einem wahren Vergnügen. Und wenn die ersten Schritte zum/zur veganen Plätzchenbäcker/-bäckerin gemacht sind, werden Sie rasch dazu übergehen, Ihre eigenen Kreationen anzubieten. Genau darin liegt aus meiner Sicht der Reiz im Backen von Plätzchen. Meine Kekse sehen jedes Mal ein wenig anders aus, und wenn ich auf eine schöne und besondere Marmelade stoße, finde ich schnell das passende Rezept dafür. Auch das Experimentieren mit exotischen Gewürzen gelingt fast nirgendwo so sinnlich wie beim Backen von Weihnachtsplätzchen.

In meinen Rezepten finden Sie keinen Alkohol. Aber wenn Sie wollen, verfeinern Sie Ihre Plätzchen mit Rum, Orangenlikör und Co. Trauen Sie sich ruhig!

Ihr Roland Rauter

Die Zutaten

Weil der Platz in diesem Büchlein begrenzt ist, verzichte ich im weiteren Verlauf auf den Hinweis, dass es sich bei den Zutaten immer um die vegane Version handelt. Alle Zutaten, auch solche Exoten wie Nougat, weiße Kuvertüre und Weinsteinbackpulver, erhalten Sie problemlos in veganer Ausführung in Biomärkten und im regulären Handel. Wenn Sie erst einmal gezielt die Regale und auch die Zutatenlisten der Produkte studieren, wird es Ihnen nach einer kurzen Zeit keine Mühe mehr machen, vegane Zutaten für Ihre Weihnachtsplätzchen einzukaufen.

Worauf es ankommt

Die wichtigsten Zutaten für gelungene Weihnachtsplätzchen sind Liebe, Sorgfalt, Fantasie und die Qualität der Zutaten. Nur wenn die Qualität stimmt, wird auch das Ergebnis überzeugen.

Die Vorbereitung

Die meisten Rezepte habe ich für 25–30 Plätzchen zusammengestellt. Aber bevor Sie mit dem Backen beginnen, legen Sie immer alle Werkzeuge, das Zubehör und auch die Zutaten bereit. Mehl und Puderzucker sollten vor der Verarbeitung immer gesiebt werden. Die Backzutaten sollten außerdem nicht zu kalt sein. Nehmen Sie sie rechtzeitig aus dem Kühlschrank, damit sie bis zur Verarbeitung Zimmertemperatur erreichen.

Mürbeteig sollte relativ rasch verarbeitet werden, denn er darf nicht zu warm werden. Wenn Sie ihn zu lange bearbeiten und er zu warm wird, wird er »brandig«, d.h. er verliert an Bindung. Ich siebe immer alle Zutaten in eine Schüssel, schneide die Margarine klein und knete den Teig mithilfe eines Handrührgeräts kurz vor, bis er krümelig wird. Anschließend knete ich ihn mit den Händen rasch zu einem glatten Teig.

Mürbeteig lässt sich leichter ausrollen, wenn er mindestens eine Stunde kühl geruht hat. Sie können Mürbeteig auch problemlos am Vortag ansetzen und ihn über Nacht im Kühlschrank aufbewahren. Schlagen Sie ihn zum Ruhen immer in Frischhaltefolie ein oder in einen Gefrierbeutel. Mürbeteig nimmt zudem sehr rasch die Gerüche des Kühlschranks an, dem beugen Sie mit der Folie vor. Außerdem schützt sie den Teig vor dem Austrocknen.

Kneten Sie den Teig vor dem Ausrollen eventuell noch zwei oder drei Mal durch. Die Arbeitsfläche sollte nur leicht bemehlt sein. Wenn der Teig beim Ausrollen leicht am Nudelholz festklebt, legen Sie einfach ein

Stück Frischhaltefolie auf den Teig. Achten Sie darauf, dass der Teig überall gleich dick ausgerollt wird. Für Anfänger empfiehlt es sich, sich Holzleisten in 3−5 mm Stärke aus dem Baumarkt zu besorgen. Legen Sie die Leisten links und rechts vom Teig so hin, dass das Nudelholz über die Leisten gleitet. Auf diese Weise rollen Sie den Teig überall gleichmäßig dick aus. Mit dieser kleinen Hilfe schulen Sie auch Ihr Gefühl für das Arbeiten mit dem Nudelholz.

Das Backen

Einer der heikelsten Schritte in der Weihnachtsbäckerei ist das Backen selbst. Die Temperaturangaben und die Backzeiten in den Rezepten sind immer nur Richtwerte, denn jeder Ofen ist etwas anders. Die Temperaturen auf der Anzeige stimmen zudem nicht immer mit der tatsächlichen Temperatur im Ofen überein. Lernen Sie Ihren Backofen einzuschätzen. Backen Sie Plätzchen immer auf Sicht, d.h., lassen Sie sie nicht aus den Augen. Backen Sie sie am besten bei normaler Ober- und Unterhitze. Meiner Erfahrung nach trocknet das Backen mit Umluft Plätzchen leicht aus. Nach dem Backen sollten Sie die Plätzchen sofort vom Blech nehmen, weil sie sonst durch die Hitze des Blechs nachbacken.

Die Glasur

Die meisten Plätzchen werden erst durch eine schöne Glasur richtig himmlisch. Aus diesem Grund finden Sie eine kleine Auswahl an Basisglasuren zum Abwandeln am Ende des Buches. Ich überziehe meine Plätzchen gern mit Kuvertüre, die dazu geschmolzen und temperiert wird. Die einfachste Art, Kuvertüre zu temperieren, erfolgt nach der sogenannten Impfmethode. Dabei werden zwei Drittel der Kuvertüre klein gehackt und im Wasserbad geschmolzen. Sobald alles geschmolzen ist, nehmen Sie die Kuvertüre aus dem Wasserbad und geben das letzte Drittel der fein gehackten Kuvertüre unter ständigem Rühren dazu. Auf diese Weise erhält die Schokolade ihren schönen Glanz. Kuvertüre, die nicht temperiert wird, bekommt unansehnliche Streifen. Das hat zwar keinen Einfluss auf den Geschmack, sieht aber einfach nicht schön aus. Und um das Optische geht es ja auch bei Weihnachtsplätzchen.

Die Haltbarkeit

Und zum Schluss noch ein paar Worte zur Haltbarkeit. Die Haltbarkeit Ihrer Plätzchen hängt von den verwendeten Zutaten ab. Einige Sorten schmecken erst nach einer Woche schön zart und mürbe, die meisten verlieren mit der Zeit an Geschmack. Im Normalfall ist ein Lagern der meisten Plätzchen bis zu drei oder vier Wochen aber kein Problem. Allerdings sollten Sie

Kreationen mit Cremefüllungen immer mal wieder probieren. Um ein Austrocknen Ihres Gebäcks zu verhindern, lagern Sie es in Dosen. Übrigens: Plätzchen, die zu lange gebacken wurden, können durch das Aufbewahren in geschlossenen Keksdosen meist noch gerettet werden.

Eine kleine Warenkunde

Es gibt eine Vielzahl von *Aromen* im Handel. Von Butter- und Bittermandel- über Pfefferminz- und Vanille- bis hin zu Rumaroma und vielem mehr. Wer Aromen verwenden möchte, sollte einen kritischen Blick auf die Zutatenliste der Aromen werfen – nicht nur wegen der versteckten tierischen Produkte.

Backpulver ist ein Treibmittel für die Lockerung des Teigs. Um eine gleichmäßige Verteilung im Mehl zu erreichen und eine Klümpchenbildung zu verhindern, wird es gemeinsam mit dem Mehl versiebt. Achten Sie bei Weinsteinbackpulver darauf, dass es vegan ist.

Achten Sie bei *Gewürzen* darauf, sie richtig zu lagern, vor allem, sie nicht zu überlagern. Typische Weihnachtsgewürze sind Anis, Gewürznelken, Galgant, Ingwer, Kardamom, Zimt und Vanille. Nutzen Sie die

Vielfalt an Gewürzen und Aromen, und experimentieren Sie nach Lust und Laune. Verwenden Sie z.B. einmal statt Vanillezucker das Mark der Vanilleschote.

Kandierte Früchte, Orangeat und Co. geben Ihrem Gebäck eine fruchtige Note. Vermengen Sie diese Zutat vor dem Einarbeiten in den Teig mit einigen Teelöffeln Mehl. Dadurch kleben die Früchte nicht aneinander und verklumpen auch nicht im Gebäck. Auch beim Hacken hilft es, die Früchte mit etwas Mehl zu bestäuben. Besonders vor Weihnachten sind kandierte Kirschen, Orangeat und Zitronat in gewürfelter Form als Backmischung erhältlich.

Kuvertüre hat einen viel höheren Anteil an Kakaobutter und lässt sich dadurch besser schmelzen als Schokolade. Kaufen Sie nur hochwertige Kuvertüre. Es lohnt sich! Dunkle Kuvertüre sollte einen Kakaoanteil von mindestens 70 Prozent haben. Auch hier gibt es eine Vielzahl von verschiedenen Qualitätsstufen zu entdecken. Achten Sie bei heller oder weißer Kuvertüre darauf, dass das Produkt wirklich vegan ist.

Im Handel finden Sie verschiedene *Margarine*-Marken mit unterschiedlichen Einsatzgebieten in der Küche. Schauen Sie also auf der Verpackung nach, ob die von Ihnen gewählte Margarine zum Backen geeignet ist. Verschiedene Produkte auszuprobieren, lohnt sich auf jeden Fall, damit Sie die ideale Margarine und ein Produkt Ihres Geschmacks finden.

Marzipan eignet sich nicht nur als Dekoration. Auch im Teig selbst kann es vielseitig eingesetzt werden und verleiht Ihrem Gebäck eine feine Mandelnote. Zum Ausrollen von Marzipan bestreuen Sie die Arbeitsfläche am besten mit etwas Puderzucker und decken das Marzipan mit Frischhaltefolie ab.

Für das Gelingen von Plätzchen ist das *Mehl* entscheidend. Für die meisten Plätzchen eignet sich am besten helles Weizenmehl, das mit den anderen Zutaten einen geschmeidigen Teig ergibt. Als gesündere Alternative können Sie auch zu Dinkelmehl greifen. Allerdings müssen Sie dann die Fett- oder Flüssigkeitsmengen etwas erhöhen.

Nüsse sollten Sie nach Möglichkeit frisch gerieben kaufen oder sogar selbst reiben. Tauschen Sie die Nüsse in den Rezepten auch einmal gegen Ihre Lieblingssorten aus.

Zum Backen können Sie alle *Zuckersorten* verwenden. Für Mürbeteig eignet sich Puderzucker am besten, denn er macht den Teig schön geschmeidig. Vollrohrzucker verleiht den Plätzchen einen Karamellgeschmack. Als Alternativen zu Zucker bieten sich Ahornsirup, Agavendicksaft, Apfelsüße und Birkenzucker an.

Manchmal müssen *Zuckerstreusel* einfach sein. Vegane Zuckerstreusel erhalten Sie auf jeden Fall im Biomarkt.

Gutes Gelingen

Die Stollen nach dem Backen sofort noch einmal mit zerlassener Margarine einstreichen, bis die gesamte Margarine aufgesogen wurde. Danach die Stollen in Puderzucker wälzen.

Zubereitungszeit: 20 Min. | Backdauer: 45 Min. | Backtemperatur: 170 °C

Christstollen

750 g helles Weizenmehl | 300 g vegane Margarine | 220 ml Soja-
drink | 150 g in Streifen geschnittenes Orangeat | 120 g Puder-
zucker | 100 g Rosinen | 80 g Datteln ohne Stein | 60 g Hefe |
50 g ganze Mandeln | 50 g ganze Haselnüsse | 2 EL Ingwersirup |
1/2 TL gemahlener Kardamom | Schale einer Zitrone | 1 Prise
Salz | *300 g zerlassene vegane Margarine zum Einstreichen* |
250 g Puderzucker zum Wälzen

Hefe in zimmerwarmem Sojadrink auflösen und ca. 10
Minuten gehen lassen. Mehl, Puderzucker, Margarine, Ing-
wersirup, Zitronenschale, gemahlenen Kardamom, Salz und
die Hefemischung mit dem Knethaken in der Küchenmaschine zu einem glatten Teig verarbeiten. Danach den Teig
ca. 10 Minuten auf mittlerer Stufe kneten lassen.
Datteln klein schneiden und mit Orangeat, Rosinen, Mandeln und Nüssen unter den Teig mischen. Den Teig halbieren
und auf einer bemehlten Arbeitsfläche rechteckig und ca. 3 cm
dick ausrollen. Mit zerlassener Margarine bestreichen und
ein Drittel des Teiges darüberschlagen. Dadurch entsteht die
typische obere Spitze des Stollens. Anschließend den Stollen
zärtlich mit den Händen etwas zusammenschieben und in
Form bringen. Mit der zweiten Teighälfte gleich verfahren.
Die Stollen auf ein mit Backpapier belegtes Blech legen und
zugedeckt weitere 30 Minuten gehen lassen. Vor dem Backen
mit zerlassener Margarine einpinseln und die Stollen im vorgeheizten Ofen bei 170 °C ca. 45 Minuten hellbraun backen.

Zubereitungszeit: 20 Min. | Backdauer: 10 Min. | Backtemperatur: 180 °C
Zubehör: Bärchenausstecher, 4 cm, Sternausstecher, 5 mm

Dinkelbärchen

250 g Dinkelmehl | 150 g vegane Margarine | 100 g Rohrohrzucker |
3 EL Sojadrink | 1 Prise Salz | 1/2 TL Galgant | 1 Msp. Weinstein-
backpulver | *40 g dunkle Kuvertüre*

Dinkelmehl, Zucker, Salz, Galgant und Backpulver vermengen. Margarine klein schneiden und mit dem Sojadrink
zur Mehlmischung geben. Alles kurz mit einem Handrührgerät durchmischen. Dann den Teig mit den Händen rasch
zu einem glatten Teig verarbeiten und zu einer Kugel formen.
Diese in Frischhaltefolie einschlagen und im Kühlschrank
ca. 2 Stunden ruhen lassen.
Danach den Teig auf einer bemehlten Arbeitsfläche ca. 3 – 4 mm
dick ausrollen und anschließend ausstechen. Die Bärchen auf
ein mit Backpapier belegtes Blech legen und im vorgeheizten
Ofen bei 180 °C ca. 10 Minuten nicht zu dunkel backen.
Dann auskühlen lassen.

Die Kuvertüre im Wasserbad schmelzen lassen und temperieren.
Die Bärchen nach Belieben in die Kuvertüre tauchen und zum
Aushärten der Schokolade auf Backpapier legen.

Zubereitungszeit: 20 Min. | Backdauer: 10 Min. | Backtemperatur: 170 °C
Zubehör: rechteckiger, gewellter Ausstecher, ca. 5 x 3,5 cm

Einkornecken

150 g Einkornmehl | 150 g vegane Margarine | 150 g Puderzucker |
150 g geriebene Haselnüsse | 4 EL Sojadrink | 1/2 TL Zimt |
4 g Weinsteinbackpulver | Mark 1/2 Vanilleschote | 1 Prise Salz

Einkornmehl, Puderzucker und Backpulver versieben. Haselnüsse, Zimt, Vanillemark und Salz dazugeben und alles gut durchrühren. Margarine klein schneiden und mit dem Sojadrink zu den anderen Zutaten geben. Mit einem Handrührgerät kurz vorkneten. Anschließend alles rasch mit den Händen zu einem glatten Teig verarbeiten. Den Teig in Frischhaltefolie einschlagen und im Kühlschrank ca. 2 Stunden ruhen lassen.

Dann den Teig auf einer bemehlten Arbeitsfläche ca. 3 mm dick ausrollen und ausstechen. Die Ecken auf ein mit Backpapier belegtes Blech legen und im vorgeheizten Ofen bei 170 °C ca. 10 Minuten goldbraun backen.

Zubereitungszeit: 20 Min. | Backdauer: 10 Min. | Backtemperatur: 170 °C
Zubehör: Engelausstecher, ca. 6 cm

Engelsküsschen

120 g helles Weizenmehl | 80 g vegane Margarine | 40 g Puderzucker | 1 TL Vanillezucker | *100 g Feinkristallzucker | sehr fein geriebene Schale einer Limette*

Mehl, Puderzucker und Vanillezucker vermischen. Margarine in kleine Würfel schneiden und mit den restlichen Zutaten rasch zu einem glatten Teig kneten. Diesen in Frischhaltefolie einschlagen und im Kühlschrank ca. 2 Stunden ruhen lassen. Währenddessen Limettenschale mit Zucker mischen.
Den Teig auf einer bemehlten Arbeitsfläche ca. 3 mm dick ausrollen. Engel ausstechen und im vorgeheizten Ofen bei 170 °C ca. 10 Minuten goldgelb backen.

Nach dem Backen sofort mit der Zucker-Limetten-Mischung bestreuen und auskühlen lassen.

Zubereitungszeit: 30 Min. | Backdauer: 12 Min. | Backtemperatur: 200 °C

Florentiner

150 g gehobelte Mandeln | 130 ml Hafer Cuisine | 120 g Feinkristall-
zucker | 100 g fein gehacktes Orangeat | 40 g vegane Margarine |
1 TL Vanillezucker | 40 g dunkle Kuvertüre | 30 Backoblaten mit
einem Durchmesser von 50 mm

Zucker in einer beschichteten Pfanne am Herd bei mittlerer
Hitze hell karamellisieren lassen. Hafer Cuisine, Margarine
und Vanillezucker dazugeben und alles zum Kochen bringen.
Die Masse so lange einkochen lassen, bis sie eine dickflüssige
Konsistenz angenommen hat. Orangeat und Mandeln dazu-
geben und gut unterrühren.
Ein Blech mit Backpapier auslegen und die Oblaten darauf
platzieren. Die Mandelmasse mit einem Teelöffel auf die Mit-
te der Oblaten verteilen. Florentiner im vorgeheizten Ofen
bei 200 °C ca. 12 Minuten leicht bräunlich backen.
Die Florentinermasse verläuft beim Backen über die Oblaten.
Wer seine Plätzchen optisch aufwerten möchte, kann sie nach
dem Backen mithilfe eines runden Ausstechers in Größe der
Oblaten in Form bringen. Anschließend auskühlen lassen.

Danach die Kuvertüre schmelzen lassen und temperieren.
Die Böden der Florentiner mithilfe einer Pralinengabel oder
einfach mit den Fingern in die Kuvertüre tauchen. Die Florentiner mit der Schokoladenseite auf Backpapier setzen und
die Kuvertüre aushärten lassen.

Zubereitungszeit: 30 Min. | Backdauer: 70 Min. | Backtemperatur: 170 °C

Früchtebrot

120 g helles Weizenmehl | 80 ml Mandeldrink | 50 g Rosinen | 50 g getrocknete Feigen | 50 g getrocknete Pflaumen | 50 g getrocknete Aprikosen | 50 g getrocknete Datteln | 25 g Haselnüsse | 25 g geschälte Mandeln | 20 g vegane Margarine | 7 g Trockenhefe | abgeriebene Schale 1/2 Zitrone | 3 EL Ahornsirup | 1 TL Zimt | 1/2 TL gemahlener Kardamom | 1/2 TL gemahlene Gewürznelken | 1 Prise Salz

Feigen, Pflaumen, Aprikosen und Datteln in ca. 5 mm große Würfel schneiden. Ahornsirup, Zimt, Kardamom und Gewürznelken mit den Nüssen, den Mandeln und den Rosinen unter die Früchte mischen. Dann Mehl, Hefe, Zitronenschale und Salz vermengen. Margarine in einer kleinen Pfanne schmelzen lassen, den Mandeldrink dazugeben und alles vom Herd nehmen.
Die Mehlmischung und den Mandeldrink zu einem glatten Teig verarbeiten und diesen zugedeckt ca. 30 Minuten gehen lassen. Danach die Früchte unter den Hefeteig kneten und den Teig zu einem Brot formen. Das Brot auf ein mit Backpapier belegtes Blech legen und zugedeckt weitere 30 Minuten gehen lassen. Anschließend das Früchtebrot im vorgeheizten Ofen bei 170 °C ca. 70 Minuten backen.

Sollte das Früchtebrot zu dunkel werden, einfach während der verbleibenden Backzeit mit Alufolie abdecken.

Zubereitungszeit: 30 Min. | Backdauer: 12 Min. | Backtemperatur: 180 °C

Goldstaubkugeln

125 g vegane Margarine | 90 g Maisstärke | 70 g helles Weizen-mehl | 50 g Puderzucker | 1 TL Espressopulver | 1 TL Kakaopulver | 1/2 TL Zimt | abgeriebene Schale 1/2 Orange | 3 g Weinsteinback-pulver | 1 Prise Salz | *ca. 30 mit Zartbitterschokolade überzogene Kaffeebohnen | 200 g dunkle Kuvertüre | 1/2 TL Espressopulver | Goldstaub*

Maisstärke, Mehl, Puderzucker, 1 TL Espressopulver, Kakao, Zimt, Orangenschale, Salz und Backpulver gründlich vermengen. Margarine klein schneiden und mit der Mehl-mischung zu einem glatten Teig verarbeiten. Den Teig in Frischhaltefolie einschlagen und im Kühlschrank ca. 1 Stunde ruhen lassen.
Aus dem Teig ca. 2 cm große Kugeln formen, diese auf ein mit Backpapier belegtes Blech legen und im vorgeheizten Ofen bei 180 °C ca. 12 Minuten backen. Danach die Kugeln auskühlen lassen.

Die Kuvertüre fein hacken und im Wasserbad mit dem ½ TL Espressopulver schmelzen lassen und temperieren. Die Ku-geln mithilfe einer Pralinengabel in die Kuvertüre eintau-chen, den Boden etwas abstreifen und auf Backpapier setzen. Die Kaffeebohnen auf die Kugeln legen und diese kurz vor dem vollständigen Aushärten der Kuvertüre mit etwas Goldstaub bestreuen.

Zubereitungszeit: 25 Min. | Backdauer: 10 Min. | Backtemperatur: 180 °C

Haselnussplätzchen

300 g helles Weizenmehl | 200 g zimmerwarme, vegane Margarine | 100 g Puderzucker | 100 g geriebene Haselnüsse | 4 EL Sojadrink | 1/2 TL Vanillepulver | abgeriebene Schale einer Zitrone | 4 g Weinsteinbackpulver | 1 Prise Salz | *30 g Marillenmarmelade oder Aprikosenmarmelade | 40 g dunkle Kuvertüre | ca. 25 – 30 ganze Haselnüsse*

Mehl, Puderzucker, Vanillepulver, Backpulver und Salz in eine Schüssel sieben. Geriebene Haselnüsse und Zitronenschale dazugeben. Margarine klein schneiden und mit dem Sojadrink zum Mehl geben. Mit einem Handrührgerät auf kleinster Stufe kurz vorkneten, dann mit den Händen rasch zu einem glatten Teig verarbeiten. Den Teig in Frischhaltefolie einschlagen und im Kühlschrank ca. 1 Stunde ruhen lassen.

Den Teig zu zwei ca. 3 cm dicken Rollen formen und von diesen jeweils ca. 1 cm dicke Scheiben abschneiden. Kugeln formen und diese auf ein mit Backpapier belegtes Blech legen. Mit dem Stiel eines Kochlöffels eine Vertiefung in die Mitte der Plätzchen drücken. Die Plätzchen im vorgeheizten Ofen bei 180 °C ca. 10 Minuten backen und danach auskühlen lassen.

Die Marmelade erhitzen und glatt rühren. Jeweils einige Tropfen Marmelade in die Vertiefungen füllen und pro Plätzchen eine Haselnuss darin platzieren. Die Kuvertüre schmelzen lassen und in einen Spritzbeutel füllen. Dünne Schokoladenstreifen über die Plätzchen ziehen.

Zubereitungszeit: 35 Min. | Backdauer: 30 Min. | Backtemperatur: 180 °C

Haselnussschnitten

Für den Teig: 220 g helles Weizenmehl | 140 g zimmerwarme, vegane Margarine | 140 g Feinkristallzucker | 1 TL Vanillezucker | 1 Prise Salz

Für den Belag: 400 ml Hafer Cuisine | 100 g grob gehackte Haselnüsse | 50 g vegane Margarine | 50 g Feinkristallzucker | 20 g Vanillepuddingpulver | abgeriebene Schale einer Zitrone | 1 Msp. Vanillepulver | *220 g dunkle Kuvertüre* | *30 g gehackte Pistazien*

Margarine und Zucker schaumig rühren. Mehl, Vanillezucker und Salz unterrühren. Eine eckige ausziehbare Kuchenform auf ein mit Backpapier belegtes Blech legen. Den Teig darin gleichmäßig verteilen und mithilfe einer Teigkarte glatt streichen. Den Teig im vorgeheizten Ofen bei 180 °C ca. 15 Minuten anbacken.

Die grob gehackten Haselnüsse in einer Pfanne leicht anrösten. Von der Hafer Cuisine 30 ml abschöpfen und das Vanillepuddingpulver darin glatt rühren. Hafer Cuisine mit Margarine, Zucker und Zitronenschale erhitzen und etwas einreduzieren lassen. Vanillepuddingpulver unterrühren. Die Vanillemasse auf den angebackenen Teig gießen. Dann die gerösteten Haselnüsse gleichmäßig darüber verteilen. Die Schnitte im Ofen weitere 15 Minuten goldgelb backen. Dann wieder auskühlen lassen.

Kuvertüre im Wasserbad schmelzen lassen und temperieren. Vanillepulver dazugeben. Die Kuvertüre gleichmäßig über der Schnitte verteilen, etwas anziehen lassen und mit Pistazien bestreuen. Aus der großen Haselnussschnitte ca. 2 x 3 cm große Stücke schneiden.

Zubereitungszeit: 20 Min. | Backdauer: 10 Min. | Backtemperatur: 170 °C |
Zubehör: Schaukelpferd-Ausstecher, 6,5 cm

Haselnuss-Spekulatius

130 g helles Weizenmehl | 70 g Feinkristallzucker | 70 g vegane
Margarine | 40 g gemahlene Haselnüsse | 4 EL Sojadrink |
3 g Weinsteinbackpulver | 1 TL Vanillezucker | 1/2 TL Spekula-
tiusgewürz | 1 Prise Salz | 1 EL Soja Cuisine | *40 g grob gehackte
Haselnüsse zum Verzieren*

Mehl, Zucker, Haselnüsse, Backpulver, Vanillezucker,
Spekulatiusgewürz und Salz gründlich mischen. Sojadrink
und klein geschnittene Margarine dazugeben und alles
rasch zu einen glatten Teig verarbeiten. Diesen in Frischhaltefolie einschlagen und ca. 1 Stunde im Kühlschrank
ruhen lassen.
Den Teig auf einer bemehlten Arbeitsfläche ca. 3 mm dick
ausrollen. Die gewünschten Plätzchen ausstechen und
auf ein mit Backpapier belegtes Blech legen. Die Plätzchen
dünn mit Soja Cuisine bestreichen, mit den gehackten
Haselnüssen bestreuen und im vorgeheizten Ofen bei 170 °C
ca. 10 Minuten hellbraun backen. Danach auskühlen lassen.

Zubereitungszeit: 25 Min. | Backdauer: 8 Min. | Backtemperatur: 170 °C |
Zubehör: Tropfenausstecher, ca. 4 cm

Haselnusstropfen

Für den Teig: 120 g helles Weizenmehl | 60 g vegane Margarine |
30 g Puderzucker | 2 EL Sojadrink | 3 g Weinsteinbackpulver |
1 Prise Salz

Für den Belag: 150 g Marzipan | 100 g zimmerwarme, vegane
Margarine | 50 g dunkle Kuvertüre | 50 g geriebene Haselnüsse |
10 g Puderzucker | 2 EL geschmolzene Kuvertüre | Mark 1/2 Va-
nilleschote | *ca. 25 ganze Haselnüsse*

Mehl, Backpulver, Puderzucker und Salz gründlich vermischen und mit Margarine sowie Sojadrink rasch zu einem
glatten Mürbeteig kneten. Diesen in Frischhaltefolie einschlagen und im Kühlschrank ca. 1 Stunde ruhen lassen. Den Teig
auf einer bemehlten Arbeitsfläche ca. 3 mm dick ausrollen
und ausstechen. Die Tropfen auf ein mit Backpapier belegtes
Blech legen und im vorgeheizten Ofen bei 170 °C ca. 8 Minuten goldgelb backen. Danach auskühlen lassen.

Margarine mit Puderzucker schaumig rühren. Kuvertüre
über Wasserdampf schmelzen und etwas abkühlen lassen.
Dann die Kuvertüre und das Vanillemark unter die Margarine rühren. Die Schokocreme dünn auf die Hälfte der
Plätzchen streichen. Dann jeweils zwei Hälften zusammensetzen. Den Rand der Plätzchen ebenfalls dünn mit Creme
bestreichen. Geriebene Haselnüsse auf einen Teller geben und
den Rand der Plätzchen zart in die Nüsse drücken.
Marzipan ca. 2 mm dünn ausrollen und mit derselben Trop-
fenform ausstechen. Die Plätzchen mit den Marzipantropfen
belegen. Haselnüsse leicht in die geschmolzene Kuvertüre
tauchen und die Plätzchen damit garnieren.

Hausfreunde sind ein Rezept nach meiner Mama. In der Originalversion sind sie zwar nicht vegan, aber ich liebe diese Kekse. Deshalb finden Sie hier eine vegane Variante.

Zubereitungszeit: 30 Min. | Backdauer: 15 Min. | Backtemperatur: 180 °C

Hausfreunde

180 g Marzipan | 180 g Rohrohrzucker | 100 g gemischte kandierte Früchte | 90 g fein geriebene Mandeln | 90 g fein geriebene Walnüsse | 80 g helles Weizenmehl | 50 g Apfelmus | 40 ml Haferdrink | 20 g gehackte Pistazien | 1 TL Zimt | 1/2 TL gemahlener Kardamom | 8 g Weinsteinbackpulver | 1 Prise Salz | *100 g Kuvertüre | 3 Backoblaten (ca. 120 x 200 mm)*

Marzipan, Zucker und Haferdrink glatt rühren. Kandierte Früchte fein hacken und mit Apfelmus, Mehl, Mandeln, Walnüssen, Backpulver, Zimt und Kardamom vermengen. Alles mit dem Salz unter das Marzipan rühren. Backoblaten auf ein mit Backpapier belegtes Blech legen und die Masse gleichmäßig bis zum Rand und ca. 5 mm dick auf den Oblaten verteilen. Die belegten Oblaten im vorgeheizten Ofen bei 180 °C ca. 15 Minuten backen.

Nach dem Auskühlen aus den großen Stücken ca. 1 cm breite und 4 cm lange Streifen schneiden. Kuvertüre im Wasserbad schmelzen lassen und temperieren. In die Mitte der Hausfreunde mithilfe eines Teelöffels einen Streifen Kuvertüre geben und diesen mit gehackten Pistazien bestreuen.

Zubereitungszeit: 20 Min. | Backdauer: 12 Min. | Backtemperatur: 170 °C

Husarenkrapferl

100 g helles Weizenmehl | 70 g vegane Margarine | 40 g Puder-
zucker | 40 g fein geriebene Mandeln | 2 EL Sojadrink |
1 TL Vanillezucker | abgeriebene Schale 1/2 Zitrone | 1 Prise
Salz | *100 g Marmelade aus roten Johannisbeeren*

Mehl, Puderzucker, Mandeln, Vanillezucker, Zitronenschale
und Salz vermengen. Margarine klein schneiden und mit
Sojadrink sowie Mehl rasch zu einem glatten Teig verarbei-
ten. Den Teig in Frischhaltefolie einschlagen und im
Kühlschrank ca. 2 Stunden ruhen lassen.
Danach den Teig zu einer Rolle mit einem Durchmesser
von ca. 3 cm formen. Mit einem Messer jeweils ca. 3 cm breite
Stücke abschneiden. Diese auf ein mit Backpapier belegtes
Blech legen und mit dem Stiel eines Kochlöffels eine Mulde
in die Mitte der Plätzchen drücken. Die Husarenkrapferl im
vorgeheizten Ofen bei 170 °C ca. 12 Minuten backen.
Die Krapferl dürfen beim Backen nicht viel Farbe annehmen.

Marmelade in einer kleinen Pfanne unter Rühren erhitzen
und aufkochen lassen. Mit einem Löffel die heiße Marmelade in die Vertiefung der gebackenen Plätzchen geben und
die Husarenkrapferl auskühlen lassen.

Das Ischler Törtchen wurde bereits 1950 vom Konditor Richard Kurth kreiert. Es gibt zwei klassische Varianten dieser Köstlichkeit: die »feine« Variante und die »Weihnachtsvariante«. Mittlerweile ist das Ischler Törtchen ein Klassiker, den man in jedem österreichischen Backbuch findet.

Zubereitungszeit: 30 Min. | Backdauer: 10 Min. | Backtemperatur: 170 °C |
Zubehör: Kreisausstecher, Ø 7 cm

Ischler Törtchen

140 g helles Weizenmehl | 100 g gemahlene Mandeln | 90 g vegane Margarine | 70 g Feinkristallzucker | 30 g Marzipan | 3 EL Sojadrink | 1 Msp. Zimt | 1 TL Vanillezucker | 1 Prise Salz | *200 g dunkle Kuvertüre | 150 g Himbeermarmelade | 100 g Marzipan zum Ausstechen | 15 g Kokosfett | 3 EL knusprige Schokoladenperlen oder dunkle Schokoladentropfen*

Marzipan mit Zucker und Sojadrink zu einer glatten Masse verarbeiten. Mehl, Mandeln, Margarine, Vanillezucker, Zimt und Salz dazugeben und alles rasch zu einem glatten Teig kneten. Den Teig in Frischhaltefolie einschlagen und im Kühlschrank ca. 2 Stunden ruhen lassen. Dann den Teig auf einer bemehlten Arbeitsfläche noch einmal kurz durchkneten und ca. 3 mm dick ausrollen. Kreise ausstechen, diese auf einem mit Backpapier belegtem Blech im vorgeheizten Ofen bei 170 °C ca. 10 Minuten goldgelb backen und anschließend auskühlen lassen.

Die Himbeermarmelade in einem kleinen Topf aufkochen lassen, glatt rühren und etwas abkühlen lassen. Marzipan ausrollen und wie die Plätzchen ausstechen. Es sollten halb so viele Marzipankreise wie Teigkreise sein. Die Hälfte der Plätzchen mit Marmelade bestreichen. Dann eine Scheibe Marzipan darauflegen, diese mit Marmelade bestreichen und mit einem Plätzchen abdecken.

Kuvertüre mit Kokosfett im Wasserbad schmelzen lassen und die Törtchen damit glasieren. Zu Abschluss mithilfe eines in die Kuvertüre getauchten Teelöffels Schokoladenstreifen über die Ischler Törtchen ziehen und mit Schokoperlen oder -tropfen dekorieren.

Zubereitungszeit: 25 Min. | Backdauer: 15 Min. | Backtemperatur: 170 °C

Kaffeekipferl

140 g helles Weizenmehl I 100 g zimmerwarme, vegane Marga-
rine I 50 g Feinkristallzucker I 50 g geriebene und geröstete
Haselnüsse I 30 ml kalter Kaffee I 1 TL Vanillezucker I *100 g weiße
Kuvertüre I 1/2 TL löslicher Kaffee*

Margarine mit Zucker schaumig rühren. Mit Mehl, Haselnüssen, Vanillezucker und kaltem Kaffee zu einem glatten
Teig verarbeiten. Den Teig in Frischhaltefolie einschlagen
und im Kühlschrank ca. 2 Stunden ruhen lassen.
Dann den Teig zu einer ca. 3 cm dicken Rolle formen und
davon mit einer Teigkarte ca. 1 cm große Stücke abstechen.
Die Stücke durch Vor- und Rückwärtsrollen des Teiges auf
der Arbeitsfläche verlängern und mit den Händen Hörnchen
formen. Die Kipferl auf ein mit Backpapier belegtes Blech
legen und im vorgeheizten Ofen bei 170 °C ca. 15 Minuten
hellbraun backen.

Die weiße Kuvertüre im Wasserbad schmelzen lassen und
temperieren. Dann den löslichen Kaffee in die Kuvertüre
geben. Die Spitzen der ausgekühlten Kipferl in die Kuvertüre eintauchen und die Kipferl auf Backpapier legen,
damit die Schokolade fest werden kann.

Zubereitungszeit: 30 Min.

Kokos-Ingwer-Bällchen

200 g Reismilchschokolade | 200 g Kokosraspel | 130 g Hafer Cuisine | 50 g Kokosbutter | 50 g gemahlene Mandeln | 4 EL Ahornsirup | 30 g fein gehackter, kandierter Ingwer | 1 Prise Salz | *Kokosraspel zum Wälzen*

Hafer Cuisine mit Kokosbutter in einem Topf erwärmen und die Schokolade darin schmelzen lassen. Kokosraspel, Mandeln, Ingwer und Ahornsirup unterrühren und mit einer Prise Salz abrunden. Die Masse erkalten lassen und anschließend zu ca. 3 cm großen Kugeln formen. Sollte die Masse zu weich sein, etwas mehr Mandeln unterrühren. Die Kugeln dann in Kokosraspeln wälzen und genießen.

Zubereitungszeit: 25 Min. | Backdauer: 15 Min. | Backtemperatur: 180 °C

Kokosstangen

Für den Teig: 240 g helles Weizenmehl | 140 g Puderzucker | 8 EL kalter Kaffee | 6 EL Sojadrink | 2 EL Zitronensaft | 8 g Weinsteinbackpulver

Für die Glasur: 150 g Kokosraspel | 120 g Kokosfett | 120 g Puderzucker | 3 EL Sojadrink | 1 TL Vanillezucker | abgeriebene Schale 1/2 Zitrone

Mehl mit Backpulver und Puderzucker gut durchmischen. Mit Sojadrink, Zitronensaft und Kaffee zu einem glatten Teig verarbeiten. Den Teig ca. 1 cm dick auf ein mit Backpapier belegtes Blech aufstreichen. Dann im vorgeheizten Ofen bei 180 °C ca. 15 Minuten goldgelb backen. Den Teig vom Backpapier lösen und auskühlen lassen.

Kokosfett in einem Topf bei mittlerer Hitze schmelzen lassen. Puderzucker darin auflösen. Sojadrink, Vanillezucker und Zitronenschale unterrühren. Den ausgekühlten Teig in ca. 1 cm und 5 cm lange Streifen schneiden. Die Stangen in die Glasur eintauchen und in Kokosraspeln wenden.

Zubereitungszeit: 40 Min. | Backdauer: 12 Min. | Backtemperatur: 180 °C |
Zubehör: Herzausstecher, 7 cm

Lebkuchenherzen

310 g helles Weizenmehl | 150 g Agavendicksaft | 70 g Feinkristall-
zucker | 50 g vegane Margarine | 10 g Weinsteinbackpulver |
1 EL Apfelmus | 1/2 EL Kakaopulver | 1 TL Lebkuchengewürz |
*150 g dunkle Kuvertüre | 100 g weiße Kuvertüre | 80 g Marmelade
aus roten Johannisbeeren | 50 g Marzipan | Zuckerherzen*

Agavendicksaft mit Zucker und Margarine zum Kochen bringen. Wenn sich die Zuckerkristalle aufgelöst haben, den Kakao
dazugeben, alles gut durchrühren, vom Herd nehmen und
abkühlen lassen. Mehl mit Backpulver und Lebkuchengewürz
vermengen. Apfelmus und Agavendicksaft zum Mehl geben
und alle Zutaten mit den Knethaken eines Handrührgeräts zu
einem glatten Teig verarbeiten. Den Teig zudecken und ca.
30 Minuten ruhen lassen.

Dann den Teig auf einer bemehlten Arbeitsfläche ca. 5 mm dick
ausrollen und Herzen ausstechen. Die Lebkuchen auf ein mit
Backpapier belegtes Blech legen und im vorgeheizten Ofen bei
180 °C ca. 12 Minuten backen. Dann auskühlen lassen.
Marmelade aufkochen und glatt rühren. Lebkuchenherzen dünn
mit Marmelade bestreichen. Die dunkle Kuvertüre im Wasserbad schmelzen lassen und temperieren. Die Lebkuchen damit
glasieren und die Schokolade auf Backpapier aushärten lassen.
Die weiße Kuvertüre im Wasserbad schmelzen und dann etwas
abkühlen lassen und die Herzen mit einer Seite kurz hineintau-
chen. Danach die Herzen wieder zum Aushärten legen.
In der Zwischenzeit Marzipan ca. 2 mm dick ausrollen und kleine Engel ausstechen. Die Lebkuchenherzen mit Marzipanengeln
und Zuckerherzen dekorieren.

Zubereitungszeit: 25 Min. | Backdauer: 12 Min. | Backtemperatur: 180 °C |
Zubehör: Linzer-Ausstecher, Ø 5 cm

Linzer Augen

300 g helles Weizenmehl | 200 g vegane Margarine | 110 g Puder-
zucker | 80 g gemahlene Mandeln | 5 EL Sojadrink | 1 Tl Vanille-
zucker | abgeriebene Schale 1/2 Zitrone | 1 Msp. Zimt | 1 Prise Salz |
*180 g Marillen- oder Aprikosenmarmelade zum Füllen | Puder-
zucker zum Bestreuen*

Mehl, Mandeln, Puderzucker, Vanillezucker, Zitronenschale
und Zimt vermengen. Margarine klein schneiden und mit
dem Sojadrink zum Mehl geben. Alle Zutaten mit einem
Handrührgerät rasch zu einem Teig kneten. Diesen in Frischhaltefolie einschlagen und im Kühlschrank ca. 1 Stunde
ruhen lassen.
Dann den Teig auf einer bemehlten Arbeitsfläche ca. 3 – 4 mm
dick ausrollen und Kreise ausstechen. Bei der Hälfte der
Plätzchen jeweils drei kleine Löcher ausstechen. Alle Plätzchen auf ein mit Backpapier belegtes Blech legen und im
vorgeheizten Ofen bei 180 °C ca. 12 Minuten goldgelb backen.

Nach dem Auskühlen der Plätzchen die Marmelade glatt
rühren und die Hälften ohne Loch damit bestreichen.
Dann die Linzer Augen zusammensetzen und mit Puderzucker bestreuen.

Zubereitungszeit: ca. 40 Min. | Backzeit: 10 Min. | Backtemperatur: 170 °C |
Zubehör: Herzausstecher, 5 cm

Mandelherzen

Für den Teig: 250 g helles Weizenmehl | 170 g Puderzucker |
140 g vegane Margarine | 30 g gemahlene Mandeln | 4 EL Soja-
drink | 3 g Weinsteinbackpulver | 1 TL Vanillezucker | 1 Prise Salz |
1/2 TL Bittermandelaroma

Für die Füllung: 240 ml Haferdrink | 130 g zimmerwarme, vegane
Margarine |30 g Feinkristallzucker | 30 g Puderzucker | 1/2 Pa-
ckung Vanillepuddingpulver | Mark 1/2 Vanilleschote | 1 Prise Salz

Zum Dekorieren: 60 g dunkle geschmolzene Kuvertüre |
20 g weiße geschmolzene Kuvertüre

Mehl, Puderzucker und Backpulver versieben. Mandeln,
Vanillezucker, Salz und Bittermandelaroma unterrühren und
mit Margarine und Sojadrink rasch zu einem glatten Teig
verarbeiten. Den Teig in Frischhaltefolie einschlagen und
im Kühlschrank ca. 1 Stunde ruhen lassen. Danach auf einer
bemehlten Arbeitsfläche ca. 3 mm dick ausrollen und Herzen
ausstechen. Die Plätzchen auf ein mit Backpapier belegtes
Blech legen und im vorgeheizten Ofen bei 170 °C ca. 10 Minuten hellbraun backen. Dann die Herzen auskühlen lassen.
Aus Haferdrink, Vanillepuddingpulver und Zucker einen
Pudding herstellen und diesen kalt stellen. Margarine für die
Füllung mit Puderzucker, Vanillemark und Salz schaumig
rühren. Den Pudding mit dem Stabmixer fein pürieren und
unter die Margarine rühren. Die Hälfte der Plätzchen mit der
Puddingmasse bestreichen und die Mandelherzen zusammen-
setzen. Die Herzen zur Hälfte in die dunkle geschmolzene
Kuvertüre tauchen. Mit der weißen Kuvertüre dünne Streifen
in die dunkle Kuvertüre ziehen.

Zubereitungszeit: 20 Min. | Backdauer: ca. 10 Min. | Backtemperatur: 170 °C |
Zubehör: Ausstecher 5-rund, 5,5 cm

Marillen-Mandel-Plätzchen

200 g helles Weizenmehl | 100 g vegane Margarine | 30 g fein
geriebene Mandeln | 1 TL Vanillezucker | abgeriebene
Schale 1/2 Orange | 2 EL Sojadrink | 1 Msp. Zimt | 1 Prise Salz
100 g Marillen- oder Aprikosenmarmelade zum Füllen

Margarine klein schneiden. Mehl, Mandeln, Vanillezucker,
Orangenschale, Zimt und Salz vermengen und mit der
Margarine und dem Sojadrink rasch zu einem glatten Teig
verarbeiten. Den Teig in Frischhaltefolie einschlagen und
im Kühlschrank ca. 2 Stunden ruhen lassen.
Den Teig auf einer bemehlten Arbeitsfläche ca. 2 mm dick
ausrollen und ausstechen. Die Hälfte der Plätzchen in
der Mitte mit einem Loch versehen. Alle Plätzchen auf ein
mit Backpapier belegtes Blech legen und im vorgeheizten
Ofen bei 170 °C ca. 10 Minuten hellbraun backen.
Nach dem Auskühlen der Plätzchen die Marmelade glatt
rühren und die Plätzchen, die kein Loch haben, damit
bestreichen. Jeweils eine Unterseite mit Marmelade und eine
Oberseite zusammensetzen und mit Puderzucker bestreuen.

Zubereitungszeit: 20 Min.

Marillen-Walnuss-Kugeln

140 g Marillenmarmelade oder Aprikosenmarmelade | 200 g weiße Kuvertüre | 100 g dunkle Kuvertüre | 100 g gemahlene Walnüsse | 100 g Puderzucker | 50 ml Pfirsichnektar | 30 g getrocknete und sehr fein gehackte Aprikosen | Saft einer Zitrone | abgeriebene Schale einer Zitrone | 2 TL Vanillezucker | *Kokosraspel zum Wälzen*

Beide Kuvertüren fein hacken und im Wasserbad schmelzen lassen. Walnüsse, Puderzucker, Aprikosen, Zitronenschale und Vanillezucker in einer Schüssel vermengen. Pfirsichnektar, Zitronensaft, Marmelade und geschmolzene Kuvertüre unterrühren. Das Ganze etwas durchziehen lassen und daraus ca. 2–3 cm große Kugeln formen. Die Kugeln in Kokosraspeln wälzen.

Zubereitungszeit: 20 Min. | Backdauer: 15 Min. | Backtemperatur: 170 °C

Marzipanlebkuchen

180 g Marzipan | 180 g Rohrohrzucker | 100 g fein geriebene Mandeln | 100 g fein geriebene Walnüsse | 80 g helles Weizenmehl | 60 g Orangeat | 50 g Apfelmus | 40 ml Mandeldrink | 2 EL Lebkuchengewürz | 7 g Weinsteinbackpulver | 1 Prise Salz | 150 g dunkle Kuvertüre | 100 g Marillenmarmelade oder Aprikosenmarmelade | ca. 20 Backoblaten mit einem Durchmesser von 50 mm

Marzipan, Zucker, Apfelmus und Mandeldrink glatt rühren. Mehl, Mandeln, Walnüsse, Backpulver, Lebkuchengewürz und fein gehacktes Orangeat mit dem Salz unterrühren. Aus der Masse ca. 20 gleich große Kugeln formen und diese auf die Backoblaten drücken. Die Lebkuchen im vorgeheizten Ofen bei 170 °C ca. 15 Minuten backen und dann auskühlen lassen.

Die Marmelade glatt rühren und mit einem Pinsel auf die Lebkuchen streichen. Danach die Kuvertüre im Wasserbad schmelzen lassen und temperieren. Etwas Kuvertüre in einen Spritzbeutel füllen. Die Lebkuchen mit der restlichen Kuvertüre glasieren. Einige Schokoladenstreifen über die Lebkuchen ziehen.

Zubereitungszeit: 25 Min. | Backdauer: 12 Min. | Backtemperatur: 180 °C

Mini-Vanille-Zimtschnecken

250 g helles Weizenmehl | 150 g vegane Margarine | 60 g Sojajoghurt | abgeriebene Schale 1/2 Zitrone | 4 g Weinsteinbackpulver | 1 Prise Salz | 25 g Feinkristallzucker | 5 g Zimt | 1/2 TL Vanillepulver

Mehl mit Backpulver, Zitronenschale und Salz vermengen. Margarine klein schneiden und mit Joghurt sowie dem Mehl rasch zu einem glatten Teig verarbeiten. Den Teig abdecken und ca. 1 Stunde kalt stellen. Währenddessen Zucker, Zimt und Vanillepulver vermengen.

Den Teig dritteln und ein Drittel auf einer bemehlten Arbeitsfläche länglich und ca. 4 mm dick ausrollen. Dann kräftig mit der Zimt-Zucker-Mischung bestreuen und von der langen Seite her aufrollen. Mit den anderen zwei Teigstücken gleich verfahren. Von den Rollen je 5 mm breite Stücke abschneiden. Die Enden der Zimtschnecken leicht nach hinten ziehen und etwas festdrücken.

Die Zimtschnecken auf ein mit Backpapier belegtes Blech legen und im vorgeheizten Ofen bei 180 °C ca. 12 Minuten goldgelb backen.

Zubereitungszeit: 15 Min. | Backdauer: 15 Min. | Backtemperatur: 180 °C

Mohnkipferl

130 g helles Weizenmehl | 130 g zimmerwarme, vegane Margarine | 50 g fein geriebene Mandeln | 40 g Puderzucker | 50 g gemahlener Mohn | 3 EL Sojadrink | 1 TL Vanillezucker | abgeriebene Schale 1/2 Zitrone | *80 g Marmelade aus roten Johannisbeeren* | *50 g dunkle Kuvertüre*

Margarine mit Vanille- und Puderzucker schaumig rühren. Sojadrink und Zitronenschale unterrühren. Mehl, Mandeln und Mohn vermischen und unter die Margarine rühren. Mithilfe eines Spritzbeutels Kipferl auf ein mit Backpapier belegtes Blech spritzen. Die Mohnkipferl im vorgeheizten Ofen bei 180 °C ca. 15 Minuten goldbraun backen und danach auskühlen lassen.

Marmelade glatt rühren und je ein Plätzchen auf der Unterseite mit Marmelade bestreichen und mit einem anderen Kipferl zusammensetzen. Die Kuvertüre im Wasserbad schmelzen lassen und temperieren. Die Spitzen der Mohnkipferl in die Kuvertüre eintauchen, die Plätzchen auf Backpapier legen und die Kuvertüre fest werden lassen.

Zubereitungszeit: 20 Min. | Zubehör: Silikonherzform, ca. 20 x 20 mm

Nougatherzen

130 g Nougat | 120 g dunkle Kuvertüre | 50 g Feinkristallzucker |
50 g Mandeln | *10 g weiße Kuvertüre zum Verzieren*

Zucker in einem Topf karamellisieren lassen. Dann die Mandeln dazugeben. Die karamellisierten Mandeln auf ein mit Backpapier belegtes Blech geben und erkalten lassen. Nach dem Auskühlen in der Küchenmaschine fein cuttern. Nougat mit der dunklen Kuvertüre im Wasserbad schmelzen lassen. Die zerkleinerten Mandeln unter die Schokoladenmasse rühren. Die Schokoladenmasse in Silikonherzformen füllen und über Nacht auskühlen lassen. Dann die Herzen aus der Form nehmen. Die weiße Kuvertüre im Wasserbad schmelzen lassen. Die Herzen auf ein Glasiergitter setzen und mit der Kuvertüre verzieren.

Zubereitungszeit: 20 Min. | Backdauer: 10 Min. | Backtemperatur: 180 °C |
Zubehör: Ausstecher »Knochenform«, 5 cm

Nussstücke

240 g helles Weizenmehl | 160 g vegane Margarine | 80 g Puderzucker | 2 EL Sojadrink | 1 TL Vanillezucker | 1 Prise Salz | *100 g Brombeermarmelade | 50 g grob gehackte Haselnüsse | 2 EL dunkle geschmolzene Kuvertüre*

Mehl, Puderzucker, Vanillezucker und Salz vermengen. Margarine klein schneiden und mit dem Sojadrink und den anderen Zutaten rasch zu einem glatten Teig verarbeiten. Diesen in Frischhaltefolie einschlagen und im Kühlschrank ca. 2 Stunden ruhen lassen.

Dann den Teig auf einer bemehlten Arbeitsfläche ca. 3 mm dick ausrollen und die Plätzchen ausstechen. Diese auf ein mit Backpapier belegtes Blech legen. Die Hälfte der Plätzchen dünn mit der glatt gerührten Brombeermarmelade einstreichen und mit den gehackten Haselnüssen bestreuen. Alle Plätzchen im vorgeheizten Ofen bei 180 °C ca. 10 Minuten goldgelb backen und auskühlen lassen.

Dann die Böden der doppellagigen Nusstücke mit Brombeermarmelade einstreichen und darauf jeweils eine mit Nüssen bestreute Hälfte setzen. Die flüssige Kuvertüre in einen kleinen Spritzbeutel füllen und dünne Fäden über die Nussstücke ziehen.

Zubereitungszeit: 15 Min. | Backdauer: 12 Min. | Backtemperatur: 170 °C

Orangenwölkchen

130 g zimmerwarme, vegane Margarine | 90 g Maisstärke |
70 g helles Weizenmehl | 60 g Puderzucker | 1 EL Sojadrink |
abgeriebene Schale 1/2 Orange | 1 TL Vanillezucker |
50 g süße Orangenmarmelade | 150 g weiße Kuvertüre |
2 EL Kokosraspel

Margarine mit Puderzucker schaumig rühren. Sojadrink,
Orangenschale und Vanillezucker mit Mehl und Maisstärke unterrühren. Den Teig mit Frischhaltefolie abdecken
und im Kühlschrank ca. 1 Stunde kalt stellen. Ein Blech
mit Backpapier auslegen, aus der Teigmasse ca. 3 cm große
Kugeln formen und diese auf das Backpapier setzen.
Die Kugeln mithilfe einer bemehlten Gabel etwas flacher
drücken. Dann die Plätzchen im vorgeheizten Ofen bei
170 °C ca. 12 Minuten hell backen.

Weiße Kuvertüre im Wasserbad schmelzen lassen. Orangenmarmelade erhitzen und glatt rühren. Die Wölkchen mit
der Orangenmarmelade einpinseln, mit der Kuvertüre glasieren und anschließend mit Kokosraspeln garnieren.

Zubereitungszeit: 25 Min. | Backdauer: 12 Min. | Backtemperatur: 170 °C
Zubehör: Spritzbeutel mit Lochtülle

Orangen-Schoko-Zungen

130 g Einkornmehl | 100 g zimmerwarme, vegane Margarine |
100 ml Sojadrink | 80 g Puderzucker | 25 g Kakaopulver |
1 TL Vanillezucker | abgeriebene Schale 1/2 Orange |
1 Prise Salz | *100 g weiße Kuvertüre zum Verzieren*

Margarine mit Puderzucker, Orangenschale, Vanillezucker
und Salz schaumig rühren. Kakao mit Mehl versieben und
mit dem Sojadrink unter die Margarine rühren. Die Masse
in einen Spritzbeutel mit Lochtülle füllen und in Zungen-
form auf ein mit Backpapier belegtes Blech spritzen. Die
Plätzchen im vorgeheizten Ofen bei 170 °C ca. 12 Minuten
backen, dann auskühlen lassen.

Kuvertüre im Wasserbad schmelzen lassen. Mithilfe einer
Spritztüte weiße Streifen über die Orangen-Schoko-
Zungen ziehen.

Zubereitungszeit: 25 Min. | Backdauer: 12 Min. | Backtemperatur: 180 °C | Zubehör: Kreisausstecher, Ø 4 cm

Orangentaler

160 g helles Weizenmehl | 120 g vegane Margarine |
80 g Speisestärke | 60 g Feinkristallzucker | 4 EL Sojadrink |
1 Msp. Vanillepulver | 1 Prise Salz | *150 g Orangenmarmelade*

Mehl, Speisestärke, Zucker, Vanillepulver und Salz in eine
Schüssel geben. Margarine zerkleinern und mit dem Sojadrink zum Mehl geben. Alle Zutaten mit einem Handrührgerät auf kleinster Stufe zu einem glatten Teig verarbeiten.
Den Teig zu einer Kugel formen, in Frischhaltefolie einschlagen und im Kühlschrank ca. 1 Stunde ruhen lassen.
Vom Teig ca. 3 EL abnehmen und zur Seite stellen. Den restlichen Teig auf einer bemehlten Arbeitsfläche ca. 3 mm dick
ausrollen und Kreise ausstechen. Die Taler auf ein mit Backpapier belegtes Blech legen.
Je ½ TL Orangenmarmelade auf den Talern verteilen. Die
3 EL Teig zerkrümeln und gleichmäßig über die Marmelade streuen. Dann die Orangentaler im vorgeheizten Ofen
bei 180 °C ca. 12 Minuten backen.

Zubereitungszeit: 30 Min. | Backdauer: 12 Min. | Backtemperatur: 170 °C |
Zubehör: Kreisausstecher, gewellt, Ø 3,5 cm

Pekannuss-Kirsch-Plätzchen

240 g helles Weizenmehl | 160 g vegane Margarine |
80 g Puderzucker | 2 EL Sojadrink | 1/2 TL Vanillepulver |
100 g Marzipan | 100 g Kirschmarmelade | Pekannüsse |
2 EL geschmolzene Kuvertüre

Mehl, Puderzucker und Vanillepulver vermengen. Margarine zerkleinern und mit dem Sojadrink zum Mehl geben. Alles zu einem glatten Teig kneten. Diesen in Frischhaltefolie einschlagen und im Kühlschrank ca. 1 Stunde ruhen lassen. Dann den Teig auf einer bemehlten Arbeitsfläche ca. 3 mm dick ausrollen. Die Plätzchen ausstechen, auf ein mit Backpapier belegtes Blech legen und im vorgeheizten Ofen bei 170 °C ca. 12 Minuten goldbraun backen. Dann auskühlen lassen.

Danach die Kirschmarmelade glatt rühren. Die Hälfte der Plätzchen mit Marmelade bestreichen und jeweils zwei Hälften zusammensetzen. Nun die Oberseite dünn mit Kirschmarmelade einpinseln.
Marzipan ca. 2 mm dick ausrollen. So viele Marzipankreise wie doppellagige Plätzchen mit derselben Kreisform ausstechen. Das Marzipan auf die Plätzchen legen. Pekannüsse auf der Unterseite leicht in die Kuvertüre tauchen und auf der Mitte der Plätzchen in das Marzipan setzen.

Dieses Spritzgebäck findet man auch als »Nero und Polo« in fast jedem österreichischem Backbuch, denn es gilt als Weihnachtsklassiker. Wer die Plätzchen optisch aufwerten möchte, kann sie mit gehackten Pistazien oder Mandeln bestreuen.

Zubereitungszeit: 25 Min. | Backdauer: 12 Min. | Backtemperatur: 180 °C
Zubehör: Spritzbeutel mit Lochtülle

Polo nero

250 g zimmerwarme, vegane Margarine | 200 g helles Weizenmehl | 140 g Puderzucker | 20 g Kakaopulver | 20 g Speisestärke | 5 EL Sojadrink | 1 TL Vanillezucker | 1 Prise Salz | *200 g Nougat | 200 g dunkle Kuvertüre*

Weiche Margarine mit Puderzucker, Vanillezucker und Salz schaumig rühren. Dann Sojadrink unterrühren. Mehl, Speisestärke und Kakao versieben und unter die Margarine rühren. Die Teigmasse in einen Spritzbeutel mit Lochtülle füllen und ca. 2–3 cm große Schokotropfen auf ein mit Backpapier belegtes Blech spritzen. Die Plätzchen im vorgeheizten Ofen bei 180 °C ca. 12 Minuten backen. Vor der Weiterverarbeitung gut auskühlen lassen.
Nougat leicht im Wasserbad erwärmen und glatt rühren. Die Hälfte der Plätzchen am Boden mit Nougat bestreichen und jeweils mit einem anderen Plätzchen zusammensetzen. Kuvertüre schmelzen lassen und temperieren. Die Plätzchen zur Hälfte in die Kuvertüre eintauchen, auf Backpapier setzen und auskühlen lassen.

Zubereitungszeit: 15 Min.
Zubehör: Schokonussformen, ca. 4,5 cm

Schnelle Krokantnüsse

200 g Nougat | 180 g dunkle Kuvertüre | 80 g Rohrohr-
zucker | 80 g Haselnüsse | Mark 1/2 Vanilleschote |
2 EL dunkle geschmolzene Kuvertüre

Für den Krokant den Zucker in einem Topf karamellisieren
lassen. Dann die ganzen Nüsse dazugeben und kurz mitrös-
ten. Die Nüsse auf ein mit Backpapier belegtes Blech streichen und auskühlen lassen. Anschließend in der Küchenmaschine zu feinem Krokant cuttern. Nougat und Kuvertüre
klein schneiden, über Wasserdampf schmelzen lassen und
gut miteinander verrühren. Krokant und Vanillemark unter
die Nougatmasse rühren und die Schokolade in vorbereitete
Nussformen füllen. Dann die Nusshälften erkalten lassen
und für 10 Minuten in den Tiefkühlschrank stellen. Danach
lassen sich die Hälften gut aus der Form lösen. Die Hälften
am Boden dünn mit der geschmolzenen Kuvertüre bestreichen und zusammensetzen.

Zubereitungszeit: 20 Min. | Backdauer: 15 Min. | Backtemperatur: 170 °C

Schoko-Kirsch-Plätzchen

200 g zimmerwarme, vegane Margarine | 120 g Maisstärke |
100 g helles Weizenmehl | 60 g Puderzucker | 30 g Kakaopulver |
4 EL Sojadrink | 3 g Weinsteinbackpulver | 4 Tropfen Pfeffer-
minzextrakt | 1 Prise Salz | *100 g dunkle Kuvertüre |
ca. 25 kandierte Belegkirschen*

Margarine mit Puderzucker schaumig rühren. Die restlichen
Zutaten unterrühren und alles von Hand zu einem glatten
Teig verarbeiten. Diesen in Frischhaltefolie einschlagen und
im Kühlschrank ca. 1 Stunde ruhen lassen.

Aus dem Teig ca. 3 cm große Kugeln formen und diese auf
ein mit Backpapier belegtes Blech legen. Mit dem Stiel eines
Kochlöffels die Mitte der Plätzchen leicht eindrücken und
jeweils eine Belegkirsche in die Vertiefung hineinsetzen. Die
Plätzchen im vorgeheizten Ofen bei 170 °C ca. 15 Minuten
backen und dann auskühlen lassen.

Danach die Kuvertüre im Wasserbad schmelzen lassen
und temperieren. Etwas Kuvertüre über die Kirschen
laufen lassen.

Zubereitungszeit: 35 Min. | Backdauer: ca. 15 Min. | Backtemperatur: 170 °C |
Zubehör: Schaumrollenform, 6,5 x 1 cm, ca. 15 Stück, Spritzbeutel mit Sterntülle

Schokoladenröllchen

Für den Teig: 200 g helles Weizenmehl | 200 g vegane Margarine | 50 g Puderzucker | 20 g Seidentofu | 1 TL Vanillezucker | 1 Prise Salz

Für die Füllung: 250 ml vegane Soja Cuisine zum Aufschlagen | 200 g dunkle Kuvertüre | abgeriebene Schale 1/2 Orange | 1 Msp. Zimt

Für die Garnitur: 50 g dunkle geschmolzene Kuvertüre

Seidentofu glatt rühren und mit Mehl, Margarine, Puderzucker, Vanillezucker und Salz zu einem glatten Teig verarbeiten. Den Teig in Frischhaltefolie einschlagen und ca. 1 Stunde im Kühlschrank ruhen lassen. Die Soja Cuisine erwärmen und über die fein gehackte Kuvertüre gießen. Orangenschale und Zimt dazugeben und warten, bis sich die Schokolade aufgelöst hat. Dann die Masse kalt stellen.
Den Teig auf einer bemehlten Arbeitsfläche ca. 2 mm dick ausrollen, in ca. 2 cm breite Streifen schneiden und um kleine Schaumrollenförmchen wickeln. Die Schaumröllchen auf ein mit Backpapier belegtes Blech leben und im vorgeheizten Ofen bei 170 °C ca. 15 Minuten goldgelb backen.

Nach dem Auskühlen der Röllchen die Schokoladencreme mit einem Handrührgerät aufschlagen und in einen Spritzbeutel mit kleiner Sterntülle füllen. Die Teigröllchen von der Form lösen und die Enden in die geschmolzene Kuvertüre tauchen. Die Schokolade fest werden lassen. Dann die Creme in die Röllchen spritzen.

Zubereitungszeit: 10 Min.

Schoko-Mandel-Ingwer-Splitter

180 g Zartbitterschokolade | 180 g Mandelsplitter |
40 g kandierter Ingwer | abgeriebene Schale 1/2 Orange

Ingwer fein hacken. Zartbitterschokolade im Wasserbad
schmelzen lassen. Ingwer und Orangenschale unterrühren.
Die Mandeln in einer Pfanne trocken bei mittlerer Hitze
ca. 2 Minuten rösten. Dann unter die Schokolade rühren
und alles gut miteinander vermischen. Die Mandel-Schoko-
Masse mit einem Teelöffel auf Backpapier portionieren
und auskühlen lassen.

Zubereitungszeit: 20 Min.

Schoko-Nuss-Würfel

380 g Mürbeteigkekse (siehe S. 107) | 140 g vegane Margarine |
1 TL Marmelade aus roten Johannisbeeren | 500 g Zartbitter-
schokolade | 350 ml Hafer Cuisine | 100 g ganze Haselnüsse |
100 g ganze Walnüsse | 100 g ganze Mandeln | 25 g Kokosfett |
abgeriebene Schale 1/2 Orange | Mark einer Vanilleschote |
100 g dunkle Kuvertüre

Mürbeteigkekse nicht zu fein zerbröseln. Margarine schmelzen lassen und mit den Bröseln und der Marmelade vermi-
schen. Eine eckige ausziehbare Kuchenform dünn mit Öl
einstreichen und auf ein mit Backpapier belegtes Blech legen.
Die Keksmasse in die Form geben und gleichmäßig verteilen.
Alles sehr fest andrücken und ca. 6 Stunden im Kühlschrank
kalt stellen.
Nüsse und Mandeln etwas zerkleinern und ohne Zugabe von
Fett in einer Pfanne kurz rösten. Die Schokolade grob reiben.
Hafer Cuisine erhitzen und Kokosfett sowie Schokolade darin
schmelzen, aber nicht aufkochen lassen. Orangenschale und
Vanillemark dazugeben. Nüsse und Mandeln unter die Scho-
kolade rühren und alles auf dem Keksboden verteilen. Die
Nussmasse ca. 2 Stunden in Kühlschrank durchziehen lassen.

Danach die Kuvertüre im Wasserbad schmelzen lassen, temperieren, über die Nussmasse gießen und mit einer Palette
verteilen und glätten. Die Kuvertüre fest werden lassen und
dann die Masse in ca. 4 x 4 cm große Würfel schneiden.

Zubereitungszeit: 20 Min. | Backdauer: 15 Min. | Backtemperatur: 180 °C
Zubehör: Spritzbeutel mit Lochtülle

Schoko-Pfefferminz-Stangen

250 g helles Weizenmehl | 150 g zimmerwarme, vegane Margarine | 130 ml Sojadrink | 130 g Feinkristallzucker | 60 g Speisestärke | 20 g Kakaopulver | 20 g gemahlene Haselnüsse | 6 g Weinsteinbackpulver | 1 TL Vanillezucker | 4 Tropfen Pfefferminzextrakt | abgeriebene Schale 1/2 Orange | 1 Prise Salz | *150 g dunkle Kuvertüre zum Glasieren | 60 g Marmelade aus roten Johannisbeeren*

Margarine mit Zucker, Vanillezucker, Orangenschale, Salz und Pfefferminzextrakt schaumig rühren. Dann den Sojadrink unterrühren. Mehl, Haselnüsse, Kakao, Stärke und Backpulver vermengen und unter die Margarine rühren. Den Teig in einen Spritzbeutel mit Lochtülle füllen und ca. 5 cm lange Stangen auf ein mit Backpapier belegtes Blech spritzen. Die Plätzchen im vorgeheizten Ofen bei 180 °C ca. 15 Minuten backen und dann auskühlen lassen.

Dann die Marmelade glatt rühren und die Hälfte der Plätzchen am Boden mit Marmelade einstreichen. Danach jeweils zwei Plätzchen zusammensetzen. Die Kuvertüre im Wasserbad schmelzen lassen und temperieren. Die Plätzchen in die Kuvertüre tauchen und zum Aushärten auf Backpapier legen.

Zum Füllen der Schokoravioli eignet sich auch hervorragend Orangen- oder Zitronenmarmelade.

Zubereitungszeit: 25 Min. | Backdauer: ca. 12 Min. | Backtemperatur: 170 °C | Zubehör: rechteckiger, gewellter Ausstecher, 6 cm

Schokoravioli mit Pflaumenmusfüllung

200 g zimmerwarme, vegane Margarine | 120 g helles Weizen-
mehl | 100 g Maisstärke | 60 g Puderzucker | 30 g Kakaopulver |
4 EL Sojadrink | 150 g Pflaumenmus | abgeriebene Schale einer
Zitrone | 50 g weiße geschmolzene Kuvertüre

Margarine mit Puderzucker schaumig rühren. Mit Mehl,
Stärke, Kakao und Sojadrink zu einem Teig verarbeiten.
Diesen in Frischhaltefolie einschlagen und im Kühlschrank
ca. 2 Stunden ruhen lassen. Anschließend noch einmal
kurz durchkneten und ca. 3 mm dick ausrollen. Rechtecke
ausstechen und die Hälfte der Rechtecke auf ein mit
Backpapier belegtes Blech legen. Pflaumenmus mit der Zitronenschale glatt rühren. Pro Ravioli ½ TL Mus auf den
Hälften verteilen. Dann das Pflaumenmus mit den restlichen
Teigstücken belegen. Die Ravioli im vorgeheizten Ofen
bei 170 °C ca. 12 Minuten backen. Nach dem Auskühlen die
Plätzchen auf ein Glasiergitter legen und mit der geschmolzenen Kuvertüre verzieren.

Plätzchen sollte man immer auf Sicht backen, ganz besonders Vanillekipferl. Vanillekipferl sehen einfach schön aus, wenn sie nur ganz zart Farbe annehmen. Sie schmecken auch um vieles besser, wenn sie nicht zu trocken gebacken werden.

Zubereitungszeit: 25 Min. | Backdauer: 15 Min. | Backtemperatur: 170 °C

Vanillekipferl

200 g zimmerwarme, vegane Margarine | 200 g helles Weizen-
mehl | 80 g fein geriebene Mandeln | 70 g Puderzucker |
Mark einer Vanilleschote | 1 Prise Salz | *80 g Puderzucker
zum Wälzen | 30 g Vanillezucker zum Wälzen*

Margarine mit Puderzucker schaumig rühren. Mehl, Mandeln, Vanillemark und Salz zur Margarine geben und
alles zu einem glatten Teig verarbeiten. Den Teig in Frischhaltefolie einschlagen und im Kühlschrank ca. 1 Stunde
ruhen lassen. Währenddessen Puder- und Vanillezucker zum
Wälzen zusammensieben und zur Seite stellen. Den Teig
zu einer Rolle ca. 3 cm Durchmesser formen und mit einer
Teigkarte ca. 1 cm große Stücke abstechen. Die Stücke durch
Vor- und Rückwärtsrollen des Teiges auf der Arbeitsfläche
verlängern und mit den Händen zu Kipferl formen.
Die Kipferl auf ein mit Backpapier belegtes Blech legen und
im vorgeheizten Ofen bei 170 °C ca. 15 Minuten sehr hell
backen. Nach dem Backen die Kipferl mit der Puderzucker-
Vanillezucker-Mischung bestreuen.

Zubereitungszeit: 25 Min. | Backdauer: 12 Min. | Backtemperatur: 180 °C |
Zubehör: Sternausstecher, 3,5 cm

Walnusssterne

*250 g helles Weizenmehl | 200 g gemahlene Walnüsse |
180 g vegane Margarine | 100 g Feinkristallzucker | 5 EL Soja-
drink | 10 g Kakaopulver | 1 TL Vanillezucker | 1 Prise Salz |
150 g dunkle Kuvertüre | Orangen-Glitzerzucker*

Mehl, Walnüsse, Zucker, Kakao, Vanillezucker und Salz
gründlich vermengen. Margarine klein schneiden und mit
dem Sojadrink zur Mehlmischung geben. Alles mit einem
Handrührgerät auf kleinster Stufe kurz verkneten.
Anschließend mit den Händen zu einem glatten Teig verarbeiten. Diesen in Frischhaltefolie einschlagen und im
Kühlschrank ca. 1 Stunde ruhen lassen.
Dann den Teig auf einer bemehlten Arbeitsfläche ca. 3 mm
dick ausrollen und Sterne ausstechen. Die Sterne auf ein
mit Backpapier belegtes Blech legen und im vorgeheizten
Ofen bei 180 °C ca. 12 Minuten hellbraun backen.

Nach dem Auskühlen die Kuvertüre im Wasserbad schmelzen lassen und temperieren. Die Plätzchen auf ein Glasiergitter legen und mit der Kuvertüre überziehen. Kurz vor dem
Aushärten die Walnusssterne mit Glitzerzucker oder mit 3 EL
gehackte und geröstete Walnusstücke bestreuen.

Zubereitungszeit: 25 Min. | Backdauer: 10 Min. | Backtemperatur: 170 °C
Zubehör: Kreisausstecher, Ø 8 cm

Weihnachtsglück

Für den Teig: 230 g Dinkelvollkornmehl | 200 g vegane
Margarine | 100 g Rohrohrzucker | 70 g Speisestärke |
4 EL Sojadrink | 5 g Weinsteinbackpulver | abgeriebene
Schale 1/2 Orange | 1/4 TL Zimt | 1 Prise Salz

Für die Glasur: 250 g Puderzucker | 2 EL Himbeersirup |
1 EL Zitronensaft | Zuckerherzen zum Bestreuen

Zucker im Mörser oder in einer Küchenmaschine fein mahlen. Zucker, Backpulver, Dinkelmehl, Speisestärke, Zimt und Salz in einer Schüssel gut miteinander vermengen. Margarine klein schneiden und mit dem Sojadrink zum Mehl geben. Alle Zutaten mit einem Handrührgerät auf kleinster Stufe kurz kneten und anschließend mit den Händen rasch zu einem glatten Teig verarbeiten. Diesen in Frischhaltefolie einschlagen und ca. 3 Stunden im Kühlschrank ruhen lassen. Den Teig auf einer bemehlten Arbeitsfläche ca. 3 mm dick ausrollen, ausstechen und die Kreise auf ein mit Backpapier belegtes Blech legen. Die Plätzchen im vorgeheizten Ofen bei 170 °C ca. 10 Minuten backen.

Nach dem Auskühlen den Himbeersirup mit Zitronensaft erhitzen und den Puderzucker damit glatt rühren. Je nach Konsistenz eventuell etwas mehr Puderzucker oder Zitronensaft verwenden. Die Plätzchen auf ein Glasiergitter legen, mit der dickflüssigen Glasur überziehen und erst, kurz bevor die Glasur fest wird, mit den Zuckerherzen bestreuen.

Zubereitungszeit: 15 Min. | Backdauer: 35 Min. | Backtemperatur: 180 °C
Zubehör: 12er-Muffinblech und Förmchen

Weihnachtsmuffins

Für den Teig: 250 ml Sojadrink | 200 g helles Weizenmehl |
100 g Feinkristallzucker | 70 g gemischte, kandierte Früchte |
50 g geriebene Haselnüsse | 50 ml Rapsöl | 40 g grob ge-
raspelte Zartbitterschokolade | 2 EL Apfelessig | 1 TL Wein-
steinbackpulver | 1 TL Lebkuchengewürz | 1 Prise Salz |
abgeriebene Schale 1/2 Zitrone

Für den Guss: 50 g zimmerwarme, vegane Margarine |
50 g weiße Kuvertüre | 20 g Puderzucker | 2 EL Zuckerstreusel

Mehl, Zucker, kandierte Früchte, Haselnüsse, Backpulver,
Lebkuchengewürz, Zitronenschale und Salz gut miteinander vermischen. Sojadrink mit Rapsöl und Apfelessig vermengen und mit einem Handrührgerät unter die Mehlmischung rühren. Schokoladenraspeln unterheben. Das Muf-
finblech mit Förmchen auslegen und den Teig gleichmäßig
auf die Formen aufteilen, sodass die Formen zu zwei Drittel
befüllt sind. Die Muffins im vorgeheizten Ofen bei 180 °C
ca. 35 Minuten backen.

Nach dem Auskühlen der Muffins die Kuvertüre im Wasserbad schmelzen und etwas abkühlen lassen. Die Margarine
mit Puderzucker schaumig rühren, dann die Kuvertüre unterrühren. Die Schokoladencreme auf die Muffins streichen
oder mithilfe eines Spritzbeutels aufspritzen und mit Zucker-
streuseln garnieren.

Zubereitungszeit: 30 Min. | Backzeit: 10 Min. | Backtemperatur: 180 °C |
Zubehör: Sternausstecher, 5 cm

Zimtsterne

200 g fein gemahlene Mandeln | 100 g Puderzucker |
70 g Marzipan | 5 EL Wasser | 1 EL Zitronensaft | 1 EL Zimt |
1 TL Vanillezucker | *60 g Puderzucker | 2 TL Zitronensaft*

Marzipan fein reiben und mit den übrigen Zutaten zu einem
Teig verkneten. Den Teig zwischen zwei Lagen Frischhaltefolie ca. 4–5 mm dick ausrollen. Die obere Schicht Frischhaltefolie entfernen und Sterne ausstechen. Die Sterne ohne
Frischhaltefolie auf ein mit Backpapier belegtes Blech legen.
Die Zimtsterne im vorgeheizten Ofen bei 180 °C ca. 10 Minuten auf Sicht sehr hell backen, dann auskühlen lassen.

Für die Glasur Puderzucker sieben und mit Zitronensaft zu
einer zähen und glatten Masse verrühren. Die Glasur mithilfe eines Teelöffels auf die Zimtsterne verteilen.

Zubereitungszeit: 40 Min. | Backdauer: 12 Min. | Backtemperatur: 180 °C |
Zubehör: Schaumrollenform, 6,5 x 1 cm, ca. 15 Stück

Zitronen-Kokos-Stollen

Für den Teig: 200 g helles Weizenmehl | 135 g vegane Margarine | 65 g Feinkristallzucker | 2 EL Sojadrink | 1 TL Vanillezucker | 1 Msp. Weinsteinbackpulver | 1 Prise Salz

Für die Füllung: 100 g zimmerwarme, vegane Margarine | 60 g weiße Kuvertüre | 20 g Kokosraspel | 20 g Agavendicksaft | abgeriebene Schale 1/2 Zitrone

Für die Glasur: 200 g Puderzucker | 1–2 EL heißes Wasser | 1 EL Zitronensaft | 1 EL gehackte Pistazien zum Bestreuen

Mehl, Zucker, Vanillezucker, Backpulver und Salz mischen. Margarine klein schneiden und mit Sojadrink und Mehl rasch zu einem Mürbeteig kneten. Den Teig in Frischhaltefolie einschlagen und im Kühlschrank ca. 2 Stunden ruhen lassen. Dann den Teig auf einer bemehlten Arbeitsfläche ca. 3 mm dick ausrollen und in ca. 1 cm breite und ca. 12 cm lange Streifen schneiden. Diese auf kleine Schaumrollenformen wickeln. Die Formen auf ein mit Backpapier belegtes Blech legen und im vorgeheizten Ofen bei 180 °C ca. 12 Minuten backen. Danach auskühlen lassen.
Für die Füllung Margarine mit Agavendicksaft schaumig rühren. Kuvertüre im Wasserbad schmelzen und etwas abkühlen lassen. Kuvertüre, Kokosraspel und Zitronenschale unter die Margarine rühren. Die Kokoscreme mithilfe eines Spritzbeutels mit Lochtülle in die Stollen füllen.
Für die Glasur Puderzucker mit heißem Wasser und Zitronensaft glatt rühren. Die Stollen damit glasieren und mit gehackten Pistazien bestreuen.

Zubereitungszeit: 20 Min. | Backdauer: 12 Min. | Backtemperatur: 170 °C

Zitronentaler

130 g zimmerwarme, vegane Margarine I 100 g Speisestärke I
60 g helles Weizenmehl I 40 g Puderzucker I 1 TL Zitronengelee I
1 TL Vanillezucker I abgeriebene Schale einer Zitrone I 1 Prise
Salz I *Puderzucker zum Bestreuen*

Margarine mit Puderzucker schaumig rühren. Zitronengelee,
Zitronenschale, Vanillezucker und Salz unter die Margarine
rühren. Speisestärke und Mehl vermengen und ebenfalls unter die Margarine rühren. Den Teig zudecken und im Kühlschrank ca. 1 Stunde ruhen lassen. Ein Blech mit Backpapier
belegen, aus dem Teig ca. 3 cm große Kugeln formen und
diese auf das Backblech setzen. Mit einer Gabel die Kugeln
flach drücken. Damit die Gabel nicht am Teig festklebt, diese
immer wieder leicht in Mehl eintauchen. Die Taler im vorgeheizten Ofen bei 170 °C ca. 12 Minuten hell backen. Dann
mit Puderzucker bestreuen und auskühlen lassen.

Ideal zum Backen mit Kindern

Zubereitungszeit: 15 Min. | Backdauer: 12 Min. | Backtemperatur: 170 °C

Mürbeteigplätzchen
(Grundrezept)

300 g helles Weizenmehl | 200 g vegane Margarine | 100 g Puder-
zucker | 3 EL Sojadrink | 1 TL Vanillezucker | abgeriebene Schale
1/2 Zitrone | 1 Msp. Backpulver

Mehl, Puderzucker, Vanillezucker und Backpulver in eine
Schüssel sieben. Zitronenschale und Sojadrink hinzufügen.
Nicht zu kalte Margarine klein würfeln und zum Mehl
geben. Mit einem Handrührgerät auf kleinster Stufe kurz
kneten. Anschließend rasch alle Zutaten mit den Händen
zu einem glatten Teig verarbeiten. Den Teig in Frischhaltefolie einschlagen und in Kühlschrank ca. 1 Stunde ruhen
lassen. Dann den Teig auf einer bemehlten Arbeitsfläche ca.
3 mm dick ausrollen und nach Herzenslust ausstechen. Die
Plätzchen auf ein mit Backpapier belegtes Blech legen und
im vorgeheizten Ofen bei 170 °C ca. 12 Minuten backen.
Auskühlen lassen und nach Belieben verzieren.

Verschiedene Glasuren

Fruchtglasur

220 g Puderzucker | 50 ml Fruchtsirup Ihrer Wahl |
10 g Kokosfett | 4 g Agar-Agar | 1 TL Zitronensaft

Agar-Agar im Fruchtsirup aufkochen und ca. 2 Minuten auf kleiner Flamme köcheln lassen. Kokosfett, Zitronensaft und gesiebten Puderzucker zum Sirup geben und alles glatt rühren. Die Masse etwas abkühlen lassen und danach sofort zum Überziehen der Plätzchen verwenden.

Kakaoglasur

100 g Puderzucker | 10 g Kakaopulver |
40 ml Wasser | 25 g Kokosfett

Puderzucker und Kakao mischen. Wasser aufkochen und Kokosfett darin auflösen lassen. Die Flüssigkeit in die Puderzucker-Kakao-Mischung geben, alles glatt rühren und rasch weiterverarbeiten. Sollte die Glasur während des Verarbeitens zu fest werden, einfach im Wasserbad wieder etwas erwärmen.

Nougatglasur

100 g Fondant | 50 g Nougat | 10 g Kokosfett |
1 Msp. Vanillepulver

Fondant in einem kleinen Topf erwärmen. Nougat, Kokosfett und Vanillepulver unterrühren. Die Zuta-

ten sollten sich gut miteinander verbinden. Noch warm weiterverarbeiten. Sollte die Masse zum Verarbeiten zu fest werden, einfach im Wasserbad wieder etwas erwärmen.

Schokoladenglasur

150 g dunkle Kuvertüre | 15 g Kokosfett

Die Kuvertüre klein hacken und im Wasserbad schmelzen lassen. Kokosfett in der Kuvertüre auflösen und glatt rühren. Achtung: Die Schokolade nicht zu stark erhitzen! Noch warm weiterverarbeiten. Sollte die Masse zum Verarbeiten zu fest werden, einfach im Wasserbad wieder etwas erwärmen.

Zitronenglasur

300 g Puderzucker | 20 ml Zitronensaft | 20 ml heißes Wasser

Puderzucker sieben und mit Wasser und Zitronensaft glatt rühren. Sollte die Masse zu dünn sein, eventuell etwas mehr Puderzucker dazugeben.
Noch warm weiterverarbeiten. Sollte die Masse zum Verarbeiten zu fest werden, einfach im Wasserbad wieder etwas erwärmen.

Plätzchen-Register

C
Christstollen 14

D
Dinkelbärchen 16

E
Einkornecken 18
Engelsküsschen 20

F
Florentiner 22
Früchtebrot 24

G
Goldstaubkugeln 26

H
Haselnussplätzchen 28
Haselnussschnitten 30
Haselnuss-Spekulatius 32
Haselnusstropfen 34
Hausfreunde 36
Husarenkrapferl 38

I
Ischler Törtchen 40

K
Kaffeekipferl 42
Kokos-Ingwer-Bällchen 44
Kokosstangen 46

L
Lebkuchenherzen 48
Linzer Augen 50

M
Mandelherzen 52
Marillen-Mandel-Plätzchen 54
Marillen-Walnuss-Kugeln 56
Marzipanlebkuchen 58
Mini-Vanille-Zimtschnecken 60
Mohnkipferl 62

N
Nougatherzen 64
Nussstücke 66

O
Orangenwölkchen 68
Orangen-Schoko-Zungen 70
Orangentaler 72

P
Pekannuss-Kirsch-Plätzchen 74
Polo nero 76

S
Schnelle Krokantnüsse 78
Schoko-Kirsch-Plätzchen 80
Schokoladenröllchen 82
Schoko-Mandel-Ingwer-Splitter 84
Schoko-Nuss-Würfel 86
Schoko-Pfefferminz-Stangen 88

Schokoravioli mit
Pflaumenmusfüllung........90

V
Vanillekipferl........................92

W
Walnusssterne......................94
Weihnachtsglück..................96
Weihnachtsmuffins..............98

Z
Zimtsterne..........................100
Zitronen-Kokos-
Stollen................................102
Zitronentaler......................104

Anhang:

Mürbeteigplätzchen..........106
(Grundrezept)

Verschiedene
Glasuren.............................108

Über den Koch und
die Fotografin....................112

*Vegane Köstlichkeiten
für das ganze Jahr:*

Vegane Küche ist alles andere als langweilig! Das zeigt Spitzenkoch Roland Rauter in diesem wunderschön gestalteten Buch. Nicht der Verzicht auf tierische Produkte oder deren Ersatz stehen bei ihm im Vordergrund, sondern das Entdecken der Vielfalt der veganen Ernährung. Entdecken Sie eine Fülle von Rezepten – von Snacks, kleineren Gerichten und Suppen über Hauptgerichte bis hin zu Nachspeisen. Egal, ob Sie Hausmannskost, asiatische oder orientalische Speisen mögen – dieses Buch hält für jeden Geschmack etwas bereit.

232 Seiten, Paperback,
mit zahlreichen farbigen Abb.
978-3-8434-1055-7

Der Koch

Roland Rauter ist gelernter Koch und seit Jahren Veganer aus Überzeugung. Nach der Kochlehre zog es ihn in seinen Wanderjahren durch Küchen im In- und Ausland, wobei er auch in der Spitzengastronomie gearbeitet hat. In den letzten Jahren hat er als Bereichsleiter und Küchenchef Jugendliche mit Hörbehinderung und Sonderförderbedarf im Bereich Küche ausgebildet. Mit seinen Büchern möchte er nun zeigen, dass die vegane Ernährung eine genussvolle Alternative zum Verzehr von tierischen Produkten ist. Außerdem veröffentlicht Roland Rauter im »Engelmagazin« und in seinem Blog regelmäßig neue Rezepte.

Weitere Informationen zur Arbeit von Roland Rauter finden Sie unter: www.rolandrauter.at

Die Fotografin

Alexandra Schubert fotografiert und dekoriert mit viel Liebe bis ins kleinste Detail. Seit 2010 arbeitet die gelernte Werbefotografin auch im Bereich Foodfotografie und hat unter anderem für das »Engelmagazin« schon viele schmackhafte Gerichte in Szene gesetzt.

Weitere Informationen zur Arbeit von Alexandra Schubert finden Sie unter: www.myshoots.de